Inhalt

Ausweitung des Country-by-Country-Reporting - Einführung auch für Steuerzahlungen

Kernthesen

Beitrag

Fallbeispiele

Weiterführende Literatur

Impressum

GENIOS WirtschaftsWissen Nr. 12 vom 09.12.2013

Ausweitung des Country-by-Country-Reporting - Einführung auch für Steuerzahlungen

Annett Kaindl

Kernthesen

- Große Konzerne spielen die EU-Länder im Steuerwettbewerb geschickt gegeneinander aus.
- Die internationale Politik arbeitet an Maßnahmen zur Bekämpfung von Steuervermeidung und Gewinnverlagerung durch internationale Unternehmen.
- Vorschriften wurden erlassen, welche das Konzept einer länderspezifischen

Berichterstattung (Country-by-Country-Reporting) für Steuerzahlungen fordern.

Beitrag

Country-by-Country-Reporting als Antwort auf Steuervermeidungsstrategien

Nichts lassen große Konzerne so gerne verschwinden wie ihre Gewinne - zumindest auf dem Papier. Geht es darum, sich arm zu rechnen, nutzen viele Unternehmen die Schlupflöcher, die der Staat ihnen bietet. Mit Hilfe von Zinsen, Lizenzgebühren und Verrechnungspreisen werden Gewinne gezielt dorthin verlagert, wo am wenigsten Steuern zu zahlen sind.

Die jüngsten Veröffentlichungen über umfassende Steuervermeidungsstrategien von multinationalen Konzernen wie Google oder Apple haben gezeigt, in welcher widrigen Situation die Mitgliedstaaten der Europäischen Union sind. Diese befinden sich inmitten eines außer Kontrolle geratenen Steuerwettbewerbs zwischen den europäischen Mitgliedstaaten, die sich gegenseitig die Steuereinnahmen wegnehmen und mit ihrem jeweiligen Steuervorteil werben.

Die Länder, in denen die tatsächliche Wertschöpfung stattfindet, werden dadurch nicht nur um ihre Steuereinnahmen gebracht, sondern stehen auch vor dem Problem erheblicher Wettbewerbsverzerrungen, weil kleine und mittlere Unternehmen benachteiligt werden, die keine Möglichkeiten aggressiver Steuergestaltung haben. Im Ergebnis zahlt der Inhaber des Cafés an der Ecke den vollen Einkommensteuersatz, aber Starbucks drei Häuser weiter bleibt völlig steuerfrei. Starbucks kann seine Gewinne in die Niederlande und die Schweiz schieben, das Café nicht.

Die Organisation für wirtschaftliche Zusammenarbeit und Entwicklung (OECD), die EU-Kommission und deutsche Politiker arbeiten derzeit an Maßnahmen zur Bekämpfung von Steuervermeidung und Gewinnverlagerung durch multinationale Unternehmen.

Seit 2002 sind eine Vielzahl von Initiativen und Vorschriften entstanden, die das Konzept einer länderspezifischen Berichterstattung (Country-by-Country-Reporting - CBCR) für Zahlungen an staatliche Stellen inklusive Steuern vorschreiben. Im Windschatten der Reformen zur Stabilisierung der Finanzmärkte nimmt das Projekt CBCR Fahrt auf. Die Umsetzung des CBCR ist ein weiterer entscheidender Schritt, um Gewinnverlagerungen multinationaler Konzerne entgegenzuwirken. Es handelt sich hierbei um einen Atlas der Steuerzahlungen. Indem diese Berichterstattung der Öffentlichkeit zugänglich gemacht wird, wird deutlich, ob ein Unternehmen tatsächlich dort Steuern zahlt, wo es wirtschaftlich tätig ist. (1), (2),(3), (4), (5)

Mit dem Country-by-Country-Reporting verfolgtes Ziel

Durch das CBCR sollen Geschäftspraktiken, deren ethisch-moralische Rechtfertigung vor allem von den Wählern als grenzwertig erachtet werden dürfte, ans Licht kommen. Die Regulierer hoffen auch darauf, dass Unternehmen, die davon ausgehen können, dass bestimmte Geschäftspraktiken nicht im Einklang mit den Wünschen ihrer Anspruchsgruppen stehen, diese Geschäftspraktiken unterlassen, sobald sie gezwungen werden, über diese Praktiken regelmäßig Auskunft zu geben. Ökonomisch betrachtet sollte sich diese Hoffnung immer dann erfüllen, wenn der Schaden aus der Empörung der Anspruchsgruppen den Nutzen übersteigt, den das Unternehmen aus diesen Geschäftspraktiken zieht. (2)

Maßnahmen der OECD zur Bekämpfung von internationalen Gewinnverlagerungen

Die OECD hat im Auftrag der G20-Mitgliedsstaaten einen Aktionsplan zur Bekämpfung der Aushöhlung von Bemessungsgrundlagen und der internationalen Gewinnverlagerung (BEPS-Projekt - "Action Plan on Base Erosion and Profit Shifting") entworfen. Der Aktionsplan enthält 15 Maßnahmen, die sich unter anderem gegen die internationale Minderbesteuerung großer Konzerne richten. Wenn der OECD-Aktionsplan tatsächlich zeitnah umgesetzt werden sollte, müssen sich Unternehmen, Berater und Finanzverwaltungen auf tiefgreifende Änderungen im internationalen Steuerrecht einstellen.

Der Plan der OECD "gegen die Erosion von Steuerbemessungsgrundlagen und die Gewinnverlagerung" soll verhindern, dass multinationale Unternehmen zu wenig oder gar keine Steuern zahlen. Möglich machen dies Gesetzeslücken aufgrund der weltweit rund 4 000 bilateralen Steuerabkommen. Nach dem OECD-Plan sollen die Unternehmen unter anderem nachvollziehbar offenlegen, wo sie welche Einkünfte erzielen. Details sind jedoch noch nicht bekannt.

Die OECD gibt keine Empfehlung zugunsten des CBCR ab, da die politische Diskussion zu diesem umstrittenen Thema noch nicht abgeschlossen ist. (1), (6)

Aktionen der EU-Kommission zum Country-by-Country-Reporting

Europäische Kommission und Parlament haben im Jahr 2010 öffentliche Konsultationen zur Frage gestartet, ob kapitalmarktorientierte Unternehmen in ihrer Finanzberichterstattung über ihre Aktivitäten auf Länderebene berichten sollen. Die Ergebnisse der Konsultationen wurden 2011 veröffentlicht: Die übergroße Mehrheit der Abschlussersteller (Unternehmen) sprach sich gegen eine entsprechende Pflicht aus; bei den Nutzern von Abschlussinformationen war die übergroße Mehrheit dafür.

Seit Längerem gibt es Vorschläge, alle größeren Unternehmen zu länderspezifischen Angaben zu verpflichten. Für Unternehmen der Mineral- und Forstindustrie und dem Finanzbereich gibt es hierzu seit Mitte 2013 EU-weite gesetzliche Vorgaben: Die Änderung der Transparenz-Richtlinie sowie die Richtlinie 2013/35/EU für Kreditinstitute wurde im

Juni 2013 durch das EU-Parlament angenommen. Diese Richtlinien beinhalten Vorschriften zum CBCR. Während diese Richtlinien nur bestimmte Branchen betreffen, werden von diversen internationalen Organisationen entsprechende Offenlegungsvorschriften für alle multinationalen Unternehmen gefordert.

Die EU-Richtlinie 2013/36/EU verlangt von Kreditinstituten und Wertpapierfirmen ab 2014 die Veröffentlichung detaillierter Angaben im Anhang ihres Abschlusses zu Umsatz, Mitarbeiterzahl und Art der Tätigkeiten sowie ab 2015 dann auch Angaben zu Gewinnen und Verlusten sowie Steuern - aufgeschlüsselt für alle europäischen Länder sowie Drittstaaten, in denen Niederlassungen unterhalten werden.

Die geänderte EU-Transparenz-Richtlinie verpflichtet alle größeren Unternehmen aus der Mineral- und Forstindustrie zu länderspezifischen Veröffentlichungen bezüglich Zahlungen an die jeweiligen nationalen Regierungen für Genehmigungen, Ertragsteuern, Lizenzgebühren und Dividenden.

Die Offenlegung der Informationen gemäß diesen EU-Richtlinien soll in einem separaten, jährlichen Bericht erfolgen. (2), (3)

Deutsche Politik setzt auch auf Country-by-Country-Reporting

Multinationale Konzerne verschieben ihre Gewinne um den Globus - und rechnen dabei ihre Steuerlast klein. Die Politiker von SPD und Grüne wollen zumindest ein wenig Licht ins Steuerdunkel bringen. Sie brachten einen entsprechenden Antrag in den Bundestag ein. Dieser verlangt, dass die Bundesregierung einen Gesetzesentwurf erarbeitet, der internationale Konzerne zur Offenlegung ihrer Steuerzahlungen, Gewinne, Umsätze, Beschäftigten und Kapitalbestände nach Ländern verpflichtet. Das geforderte CBCR verhindert zwar keine Gewinnverlagerungen, schafft aber Transparenz für die Öffentlichkeit. (5)

Trends

EU-Kommissar Michel Barnier begrüßte das Ergebnis der EU-Transparenzrichtlinie. Zugleich bekräftigte er, dass er sich ein CBCR nicht nur für die rohstoffnahen Industrien vorstellen kann, sondern für alle großen, international agierenden Unternehmen. Experten verweisen darauf, dass dem EU-Kommissar dabei eigentlich nicht so sehr die Übertragung der Regeln für die Mineral- und Forstindustrie auf alle anderen

Branchen vorschwebt, sondern eine generelle Verpflichtung von Firmen, länderspezifisch ihre Steuerzahlungen auszuweisen. (7)

Fallbeispiele

Die Niederlande sind ein bekannter Standort, mit dessen Hilfe multinationale Unternehmen ihre Steuerzahlungen drastisch reduzieren können. Tausende von Offshore-Unternehmen, deren alleiniger Zweck es ist, international agierenden Konzernen eine erhebliche Reduzierung ihrer Steuerlast zu ermöglichen, haben hier ihren Sitz. (4)

Bisher rechnen sich Konzerne unter anderem mit Hilfe von Lizenzgebühren arm. Diesem Vorwurf sehen sich zum Beispiel die Kaffeekette Starbucks und der Suchmaschinenriese Google ausgesetzt, die zwar in Hochsteuerländern viel Umsatz machen, aber häufig kaum Steuern zahlen. Das liegt daran, dass Lizenzzahlungen für Patente als Kosten den Gewinn schmälern. Mit Lizenzen lassen sich Gewinne auch besonders gut verschieben. Häufig landen sie dann in Niedrigsteuerländern. (1)

Weiterführende Literatur

(1) Experten warnen vor Alleingang gegen

Steuertrickser
aus Handelsblatt online vom 30.07.2013

(2) Grenzenlose Transparenz
aus Frankfurter Allgemeine Zeitung, 08.07.2013, Nr. 155, S. 18

(3) TAX REPORTING - COUNTRY BY COUNTRY REPORTING | Entwicklungen und Auswirkungen auf Schweizer Gesellschaften
aus Der Schweizer Treuhänder, Vol. 87, Heft 11/2013, S. 867-873

(4) Gemeinsam gegen Steuerflucht
aus Frankfurter Rundschau vom 20.06.2013, S. 12

(5) SPD und Grüne fordern deutschen Alleingang für Transparenz
aus SPIEGEL ONLINE

(6) OECD-Aktionsplan gegen internationale Gewinnverlagerung und Aushöhlung der Bemessungsgrundlagen (BEPS-Projekt)
aus FR - Finanz-Rundschau 16/2013, S. 737-746

(7) EU zwingt Ölkonzerne zu mehr Transparenz
Barnier fordert länderspezifische Informationen für alle großen Unternehmen
aus Börsen-Zeitung, 13.06.2013, Nummer 110, Seite 6

Impressum

Ausweitung des Country-by-Country-Reporting - Einführung auch für Steuerzahlungen

Bibliografische Information der deutschen Nationalbibliothek

Die Deutsche Nationalbibliothek verzeichnet diese Publikation in der deutschen Nationalbibliografie; detaillierte bibliografische Daten sind im Internet über http://dnb.d-nb.de abrufbar.

ISBN: 978-3-7379-1430-7

© 2015 GBI-Genios Deutsche Wirtschaftsdatenbank GmbH, Freischützstraße 96, 81927 München, www.genios.de

Alle Rechte vorbehalten. Dieses Werk ist einschließlich aller seiner Teile – z.B. Texte, Tabellen und Grafiken - urheberrechtlich geschützt. Jede Verwertung außerhalb der Grenzen des Urheberrechtsgesetzes bedarf der vorherigen Zustimmung des Verlags. Dies gilt insbesondere auch für auszugsweise Nachdrucke, fotomechanische

Vervielfältigungen (Fotokopie/Mikroskopie), Übersetzungen, Auswertungen durch Datenbanken oder ähnliche Einrichtungen und die Einspeicherung und Verarbeitung in elektronischen Systemen.